Impressum
Verlag: BABADADA GmbH, Nedderfeld 112 , 22529 Hamburg
Geschäftsführer / Verlagsleitung: Harald Hof
Druck: Books on Demand GmbH, In de Tarpen 42, 22848 Norderstedt

Imprint
Publisher: BABADADA GmbH, Nedderfeld 112 , 22529 Hamburg, Germany
Managing Director / Publishing direction: Harald Hof
Print: Books on Demand GmbH, In de Tarpen 42, 22848 Norderstedt

school

σχολείο

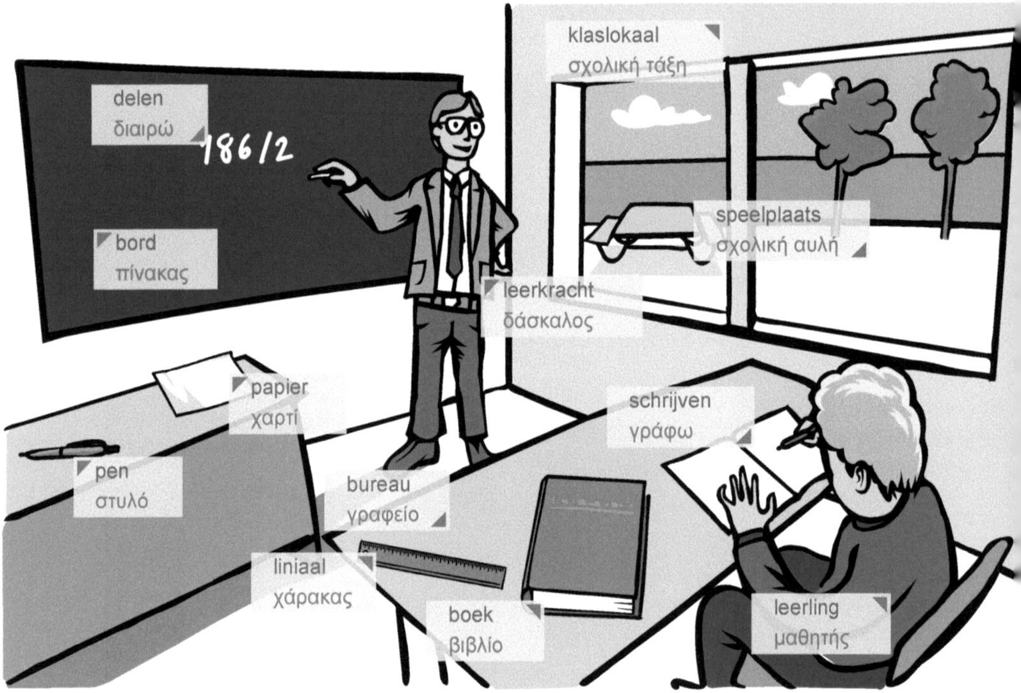
klaslokaal
σχολική τάξη
delen
διαιρώ
186/2
bord
πίνακας
speelplaats
σχολική αυλή
leerkracht
δάσκαλος
papier
χαρτί
schrijven
γράφω
pen
στυλό
bureau
γραφείο
liniaal
χάρακας
boek
βιβλίο
leerling
μαθητής

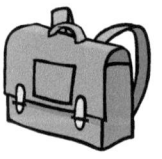

schooltas

σχολική τσάντα

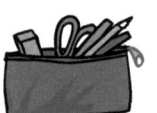

pennenzak

κασετίνα/ μολυβοθήκη

potlood

μολύβι

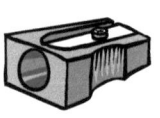

puntenslijper

ξύστρα

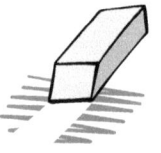

gom

γόμα

tekenblok

μπλοκ ζωγραφικής

tekening

ζωγραφική

verfborstel

πινέλο

verfdoos

κουτί χρωμάτων

schaar

ψαλίδι

lijm

κόλλα

werkboek

τετράδιο ασκήσεων

huiswerk

εργασία για το σπίτι

nummer

αριθμός

optellen

προσθέτω

aftrekken

αφαιρώ

vermenigvuldigen

πολλαπλασιάζω

rekenen

υπολογίζω

letter

γράμμα

alfabet

αλφάβητο

woord

λέξη

tekst

κείμενο

Lezen

διαβάζω

krijt

κιμωλία

les

μάθημα

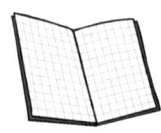

klassenboek

εγγράφομαι

examen

τεστ

certificaat

πιστοποιητικό

schooluniform

μαθητική στολή

onderwijs

εκπαίδευση

encyclopedie

εγκυκλοπαίδεια

universiteit

πανεπιστήμιο

microscoop

μικροσκόπιο

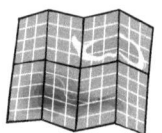

kaart

χάρτης

papiermand

καλάθι αχρήστων

reis
ταξίδι

hotel
ξενοδοχείο
Grand
jeugdherberg
ξενώνας
ROOMS
wisselkantoor
ανταλλακτήρια συναλλάγματος
CHANGE
koffer
βαλίτσα
auto
αυτοκίνητο

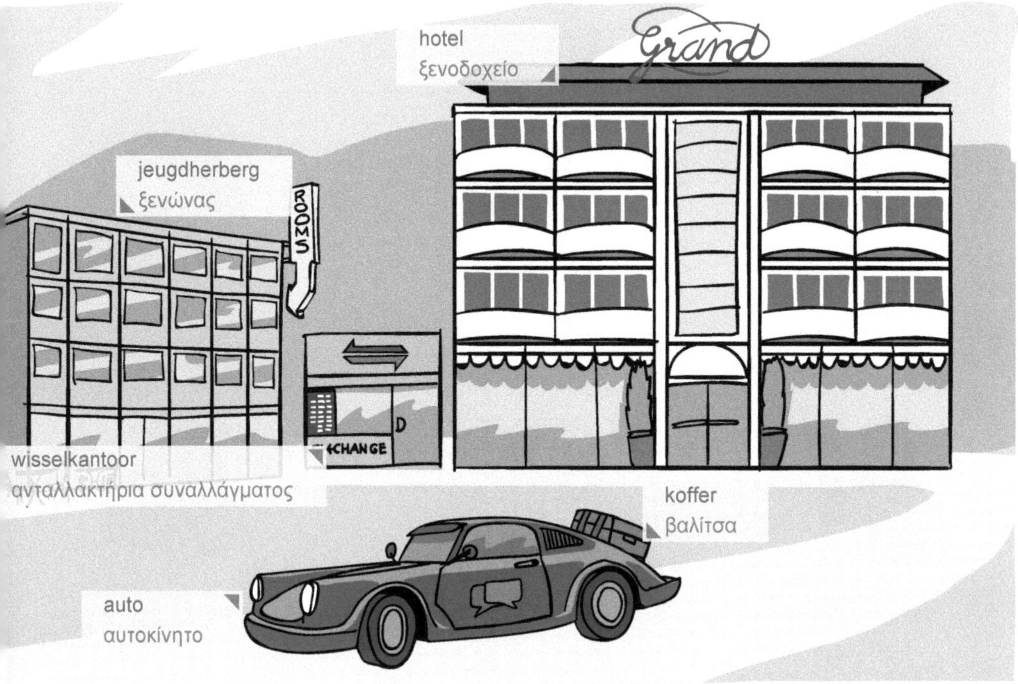

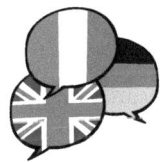

Taal

γλώσσα

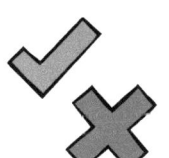

ja / nee

ναι / όχι

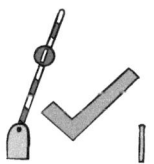

oké

εντάξει

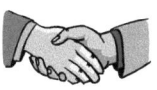

hallo

γεια σου

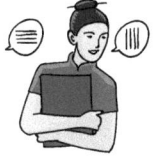

vertaler

μεταφραστής

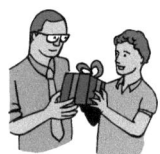

bedankt

Ευχαριστώ

Hoeveel kost ...?

πόσο κάνει ;

Ik begrijp het niet

Δε καταλαβαίνω

probleem

πρόβλημα

Goedenavond!

Καλησπέρα!

Goedemorgen!

Καλημέρα!

Goedenavond!

Καληνύχτα!

Tot ziens

Αντίο

richting

κατεύθυνση

bagage

αποσκευές

zak

τσάντα

rugzak

σακίδιο πλάτης

gast

καλεσμένος

kamer

δωμάτιο

slaapzak

υπνόσακος

tent

σκηνή

toeristeninformatie

τουριστικές πληροφορίες

strand

παραλία

kredietkaart

πιστωτική κάρτα

ontbijt

πρωινό

lunch

μεσημεριανό

avondeten

δείπνο

ticket

εισιτήριο

lift

ανελκυστήρας

postzegel

γραμματόσημο

grens

σύνορα

douane

τελωνείο

ambassade

πρεσβεία

visum

βίζα

paspoort

διαβατήριο

reis - ταξίδι

transport

μεταφορά

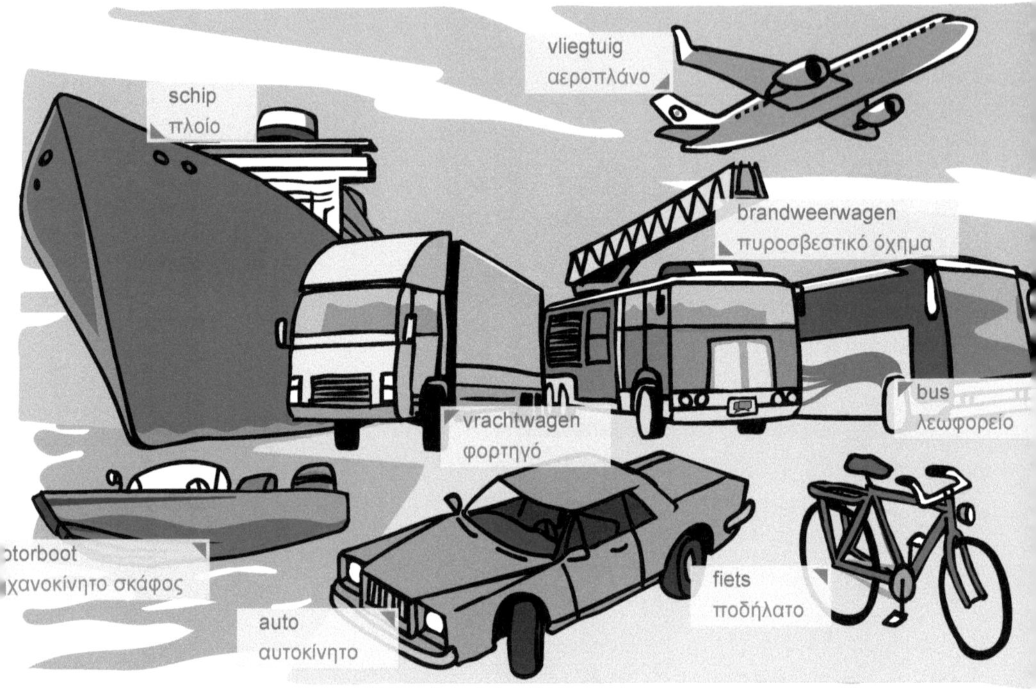

vliegtuig
αεροπλάνο
schip
πλοίο
brandweerwagen
πυροσβεστικό όχημα
vrachtwagen
φορτηγό
bus
λεωφορείο
otorboot
χανοκίνητο σκάφος
fiets
ποδήλατο
auto
αυτοκίνητο

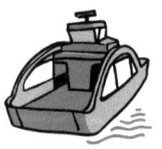

veerboot

φεριμπότ

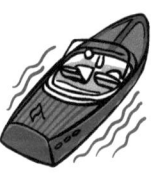

boot

βάρκα

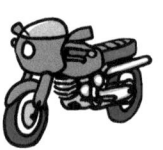

motor

μοτοσικλέτα

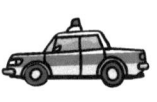

politiewagen

περιπολικό

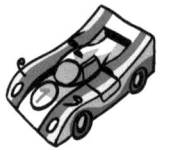

racewagen

αγωνιστικό αυτοκίνητο

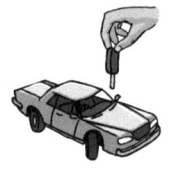

huurauto

ενοικιαζόμενο αυτοκίνητο

carpoolen

ιαμοιρασμός αυτοκινήτων

sleepwagen

γερανός

vuilniswagen

απορριμματοφόρο

motor

κινητήρας

benzine

καύσιμο

benzinestation

βενζινάδικο

verkeersbord

πινακίδα σήμανσης

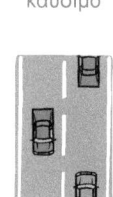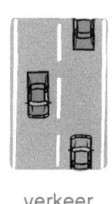

verkeer

κυκλοφορία

file

κυκλοφοριακή συμφόρηση

parkeerplaats

χώρος στάθμευσης

station

σιδηροδρομικός σταθμός

sporen

σιδηροδρομικές γραμμές

trein

τρένο

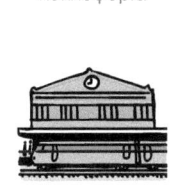

tram

τραμ

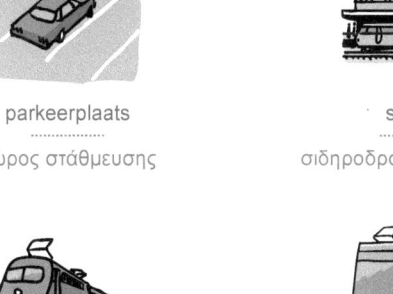

wagon

βαγόνι

helikopter
ελικόπτερο

luchthaven
αεροδρόμιο

toren
πύργος

passagier
επιβάτης

container
εμπορευματοκιβώτιο

karton
χαρτοκιβώτιο

kar
καρότσι

mand
καλάθι

opstijgen / landen
απογειώνομαι /
προσγειόνομαι

stad
πόλη

dorp
χωριό

stadscentrum
κέντρο της πόλης

huis
σπίτι

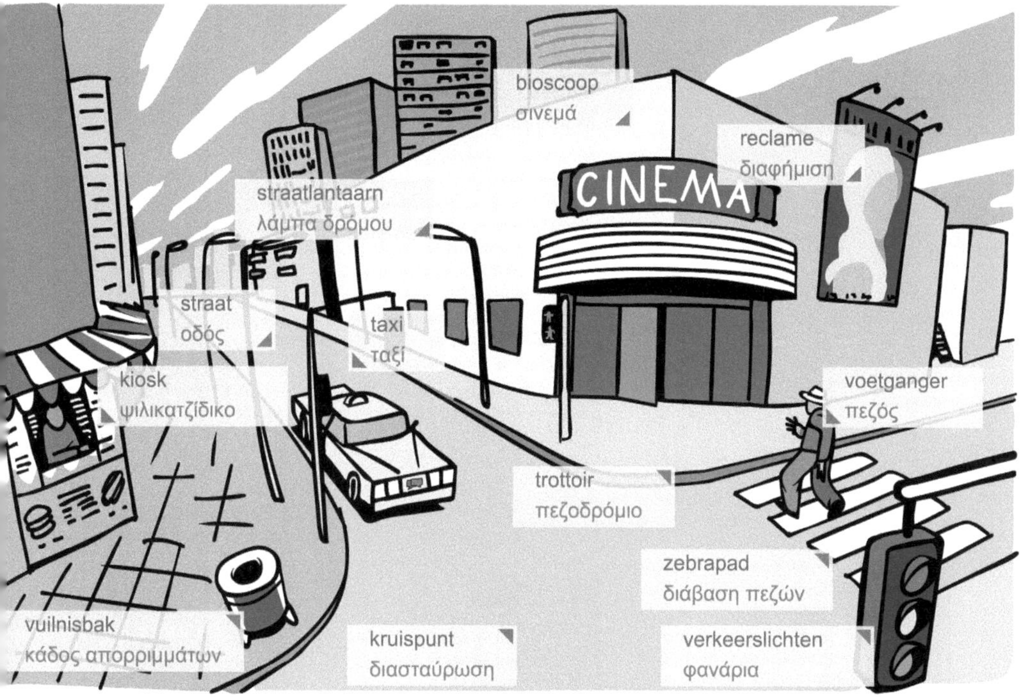

bioscoop
σινεμά

reclame
διαφήμιση

straatlantaarn
λάμπα δρόμου

CINEMA

straat
οδός

taxi
ταξί

kiosk
ψιλικατζίδικο

voetganger
πεζός

trottoir
πεζοδρόμιο

zebrapad
διάβαση πεζών

vuilnisbak
κάδος απορριμμάτων

kruispunt
διασταύρωση

verkeerslichten
φανάρια

hut

καλύβα

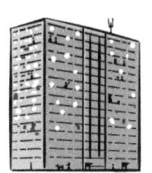

woning

διαμέρισμα

station

σιδηροδρομικός σταθμός

stadshuis

δημαρχείο

museum

μουσείο

school

σχολείο

universiteit

πανεπιστήμιο

bank

τράπεζα

ziekenhuis

νοσοκομείο

hotel

ξενοδοχείο

apotheek

φαρμακείο

kantoor

γραφείο

boekwinkel

βιβλιοπωλείο

winkel

κατάστημα

bloemenwinkel

ανθοπωλείο

supermarkt

σούπερ μάρκετ

markt

αγορά

warenhuis

πολυκατάστημα

vishandelaar

ιχθυοπωλείο

winkelcentrum

εμπορικό κέντρο

haven

λιμάνι

park

πάρκο

bank

παγκάκι

brug

γέφυρα

trap

σκάλες

metro

μετρό

tunnel

τούνελ

bushalte

στάση λεωφορείου

bar

μπαρ

restaurant

εστιατόριο

brievenbus

γραμματοκιβώτιο

straatnaambord

πινακίδα δρόμου

parkeermeter

παρκόμετρο

zoo

ζωολογικός κήπος

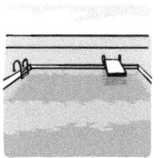

zwembad

πισίνα

moskee

τζαμί

stad - πόλη

boerderij

αγρόκτημα

milieuverontreiniging

ρύπανση

kerkhof

νεκροταφείο

kerk

εκκλησία

speelplaats

παιδική χαρά

tempel

ναός

landschap

τοπίο

blad
φύλλο

wegwijzer
πινακίδα κατεύθυνσης

weg
δρόμος

weide
λιβάδι

steen
πέτρα

wandelaar
πεζοπόρος

boom
δέντρο

rivier
ποτάμι

gras
χορτάρι

bloem
λουλούδι

vallei

κοιλάδα

heuvel

λόφος

meer

λίμνη

bos

δάσος

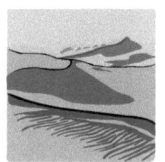

woestijn

έρημος

vulkaan

ηφαίστειο

kasteel

κάστρο

regenboog

ουράνιο τόξο

paddenstoel

μανιτάρι

palmboom

φοίνικας

mug

κουνούπι

vlieg

μύγα

mier

μυρμήγκι

bijl

μέλισσα

spin

αράχνη

kever

σκαθάρι

kikker

βάτραχος

eekhoorn

σκίουρος

egel

σκαντζόχοιρος

haas

λαγός

uil

κουκουβάγια

vogel

πουλί

zwaan

κύκνος

wild zwijn

αγριογούρουνο

hert

ελάφι

eland

άλκη

dam

φράγμα

windturbine

ανεμογεννήτρια

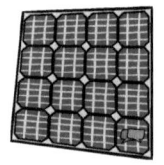

zonnepaneel

ηλιακός συλλέκτης

klimaat

κλίμα

restaurant
εστιατόριο

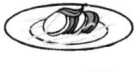

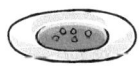

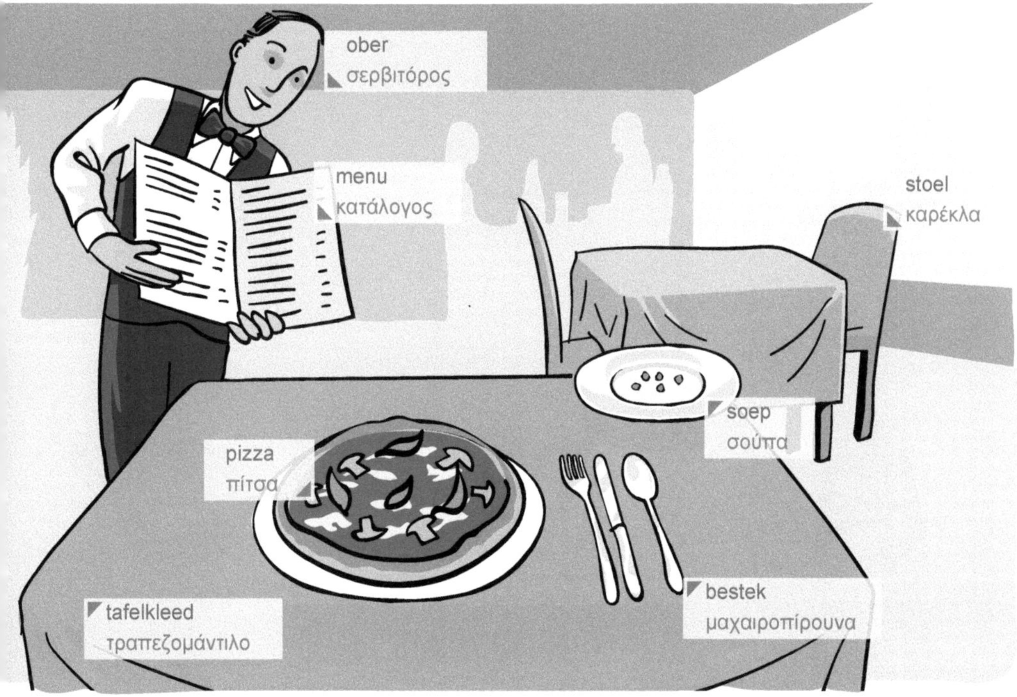

ober
σερβιτόρος
menu
κατάλογος
stoel
καρέκλα
soep
σούπα
pizza
πίτσα
bestek
μαχαιροπίρουνα
tafelkleed
τραπεζομάντιλο

voorgerecht

ορεκτικό

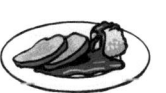

hoofdgerecht

κύριο πιάτο

nagerecht

επιδόρπιο

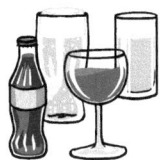

drankjes

ποτά

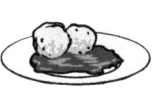

eten

φαγητό

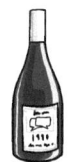

fles

μπουκάλι

fastfood

φαστ φουντ

street food

φαγητό στ' όρθιο

theepot

τσαγιέρα

suikerpot

δοχείο ζάχαρης

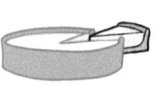

portie

μερίδα

espressomachine

μηχανή εσπρέσο

kinderstoel

ψηλή καρέκλα

rekening

λογαριασμός

dienblad

δίσκος

mes

μαχαίρι

vork

πιρούνι

lepel

κουτάλι

theelepel

κουταλάκι του τσαγιού

serviette

πετσέτα φαγητού

glas

ποτήρι

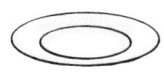

bord
πιάτο

soepbord
πιάτο σούπας

schoteltje
πιατάκι φλιτζανιού

saus
σάλτσα

zoutvatje
αλατιέρα

pepermolen
μύλος για πιπέρι

azijn
ξύδι

olie
λάδι

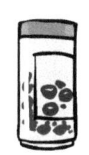

kruiden
μπαχαρικά

ketchup
κέτσαπ

mosterd
μουστάρδα

mayonaise
μαγιονέζα

supermarkt

σούπερ μάρκετ

aanbieding
προσφορά
FOR
klant
πελάτης
zuivelproducten
γαλακτοκομικά προϊόντα
fruit
φρούτα
winkelwagen
καρότσι για ψώνια

BUTCHERS

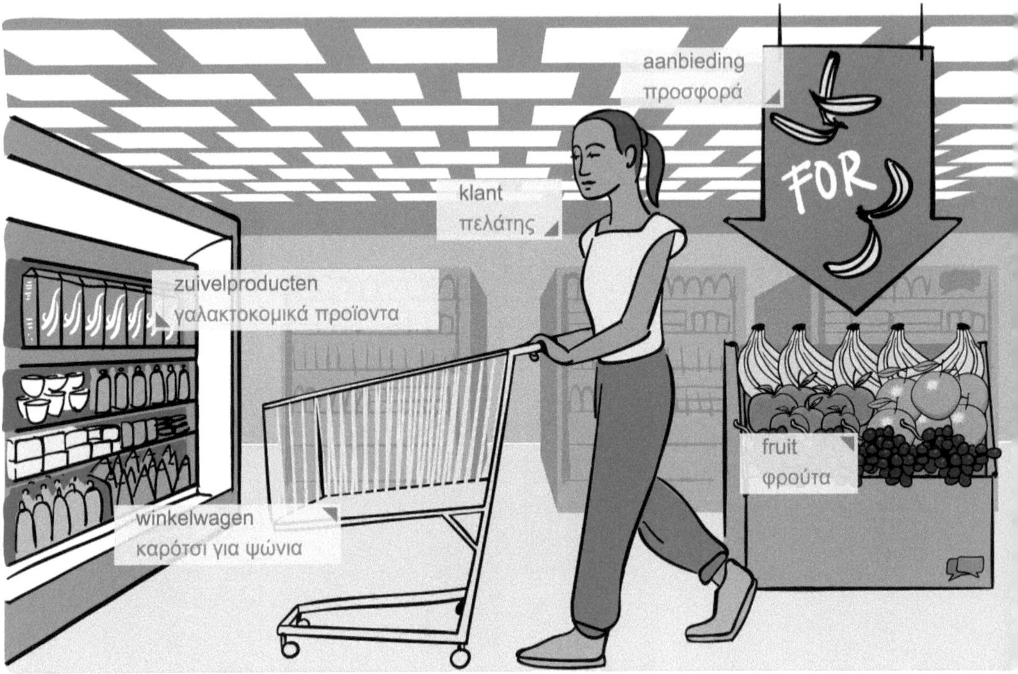

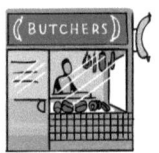

slagerij

κρεοπωλείο

BAKERY

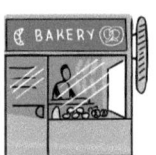

bakkerij

φούρνος

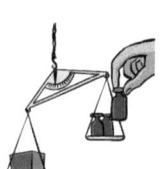

wegen

ζυγίζω

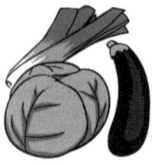

groenten

λαχανικά

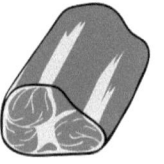

vlees

κρέας

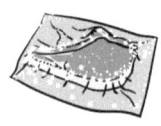

diepvriesvoedsel

κατεψυγμένα τρόφιμα

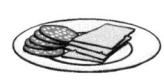

charcuterie

αλλαντικά

conserven

κονσερβοποιημένη τροφή

waspoeder

απορρυπαντικό ρούχων

snoep

γλυκά

huishoudproducten

οικιακά είδη

schoonmaakproducten

καθαριστικά προϊόντα

verkoopster

πωλήτρια

kassa

ταμείο

kassier

ταμίας

boodschappenlijstje

λίστα για ψώνια

openingstijden

ωράριο λειτουργίας

portefeuille

πορτοφόλι

kredietkaart

πιστωτική κάρτα

tas

τσάντα

plastieken zakje

πλαστική σακούλα

water

νερό

sap

χυμός

melk

γάλα

cola

κόκα κόλα

wijn

κρασί

bier

μπίρα

alcohol

αλκοόλ

cacao

κακάο

thee

τσάι

koffie

καφές

espresso

εσπρέσο

cappuccino

καπουτσίνο

banaan

μπανάνα

appel

μήλο

sinaasappel

πορτοκάλι

meloen

πεπόνι

citroen

λεμόνι

wortel

καρότο

knoflook

σκόρδο

bamboe

μπαμπού

ajuin

κρεμμύδι

champignon

μανιτάρι

noten

ξηροί καρποί

noodles

νουντλς

spaghetti

μακαρόνια

rijst

ρύζι

salade

σαλάτα

frieten

πατατάκια

gebakken aardappelen

τηγανητές πατάτες

pizza

πίτσα

hamburger

χάμπουργκερ

sandwich

σάντουιτς

kalfslapje

κοτολέτα

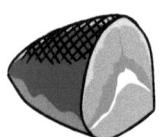

ham

ζαμπόν

salami

σαλάμι

worst

λουκάνικο

kip

κοτόπουλο

braden

ψητό

vis

ψάρι

havervlokken

χυλός βρώμης

muesli

μούσλι

cornflakes

κορν φλέικς

bloem

αλεύρι

croissant

κρουασάν

pistolet

ψωμάκι

brood

ψωμί

toast

τοστ

koekjes

μπισκότα

boter

βούτυρο

kwark

τυρόπηγμα

taart

κέικ

ei

αυγό

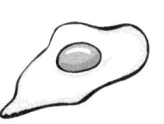

spiegelei

τηγανητό αυγό

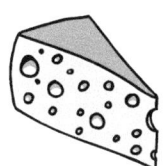

kaas

τυρί

ijs

παγωτό

suiker

ζάχαρη

honing

μέλι

confituur

μαρμελάδα

choco

άλλειμμα σοκολάτας

curry

κάρυ

boerderij
αγρόκτημα

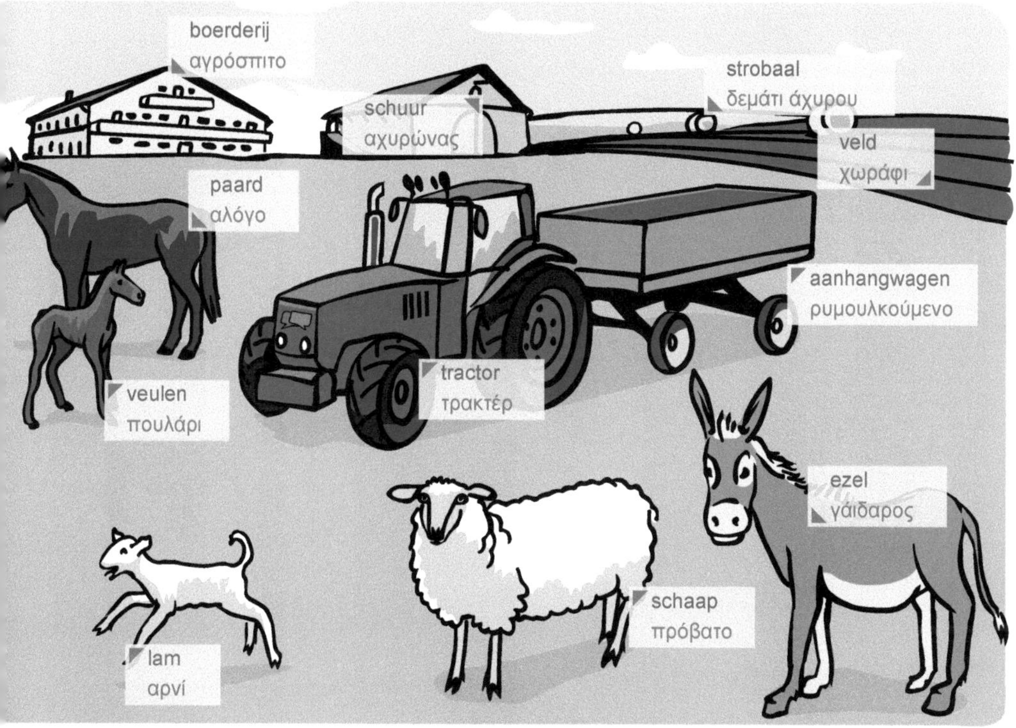

boerderij
αγρόσπιτο
schuur
αχυρώνας
strobaal
δεμάτι άχυρου
veld
χωράφι
paard
αλόγο
aanhangwagen
ρυμουλκούμενο
veulen
πουλάρι
tractor
τρακτέρ
ezel
γάιδαρος
schaap
πρόβατο
lam
αρνί

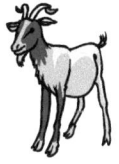

geit
κατσίκα

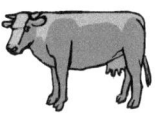

koe
αγελάδα

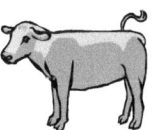

kalf
μοσχαράκι

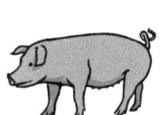

varken
γουρούνι

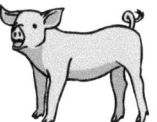

biggetje
γουρουνάκι

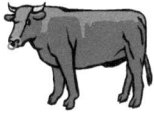

stier
ταύρος

gans
χήνα

eend
πάπια

kuiken
κοτοπουλάκι

kip
κότα

haan
κόκορας

rat
αρουραίος

kat
γάτα

muis
ποντίκι

os
βόδι

hond
σκύλος

hondenhok
σπιτάκι σκύλου

tuinslang
λάστιχο κήπου

gieter
ποτιστήρι

zeis
θεριστήρι

ploeg
αλέτρι

sikkel
δρεπάνι

schoffel
τσάπα

hooivork
δίκρανο

bijl
τσεκούρι

kruiwagen
χειράμαξα

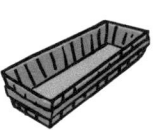

trog
ταΐστρα

melkkan
δοχείο γάλακτος

zak
σάκος

hek
φράχτης

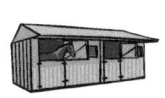

stal
στάβλος

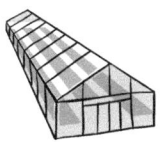

broeikas
θερμοκήπιο

bodem
έδαφος

zaad
σπόρος

mest
λίπασμα

maaidorser
θεριζοαλωνιστική μηχανή

oogsten

θερίζω

oogst

συγκομιδή

yam

γιαμς

tarwe

σιτάρι

soja

σόγια

aardappel

πατάτα

maïs

καλαμπόκι

koolzaad

κράμβη

fruitboom

οπωροφόρο δέντρο

maniok

μανιόκα

graan

δημητριακά

huis
σπίτι

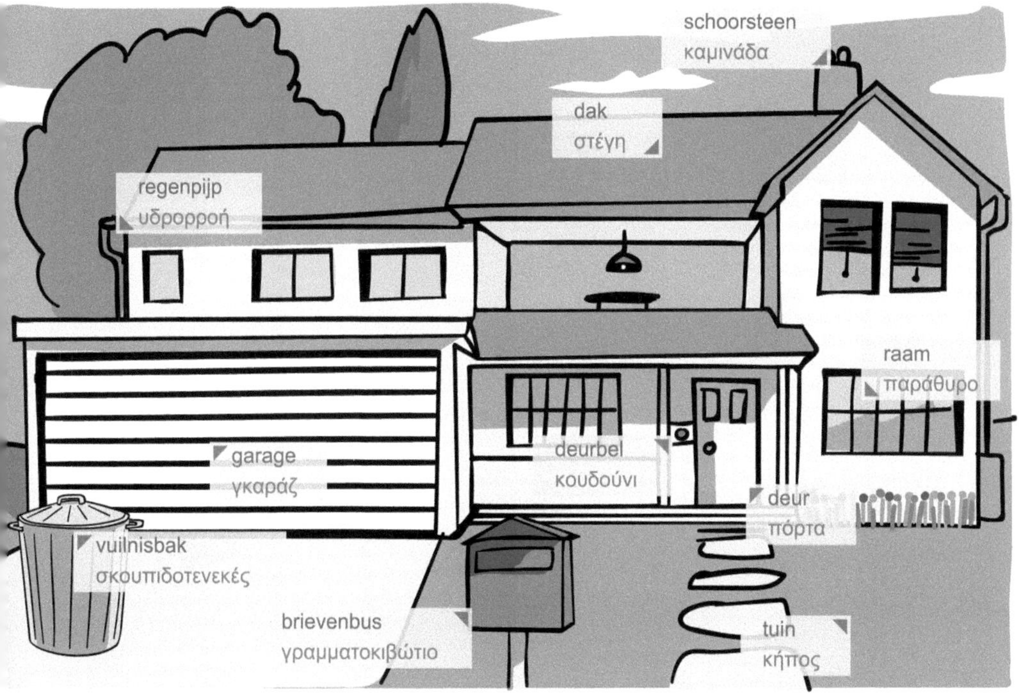

schoorsteen
καμινάδα
dak
στέγη
regenpijp
υδρορροή
raam
παράθυρο
garage
γκαράζ
deurbel
κουδούνι
deur
πόρτα
vuilnisbak
σκουπιδοτενεκές
brievenbus
γραμματοκιβώτιο
tuin
κήπος

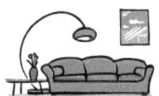

woonkamer
σαλόνι

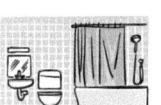

badkamer
μπάνιο

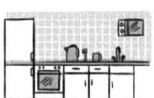

keuken
κουζίνα

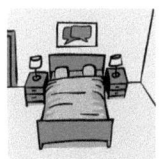

slaapkamer
υπνοδωμάτιο

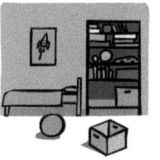

kinderkamer
παιδικό δωμάτιο

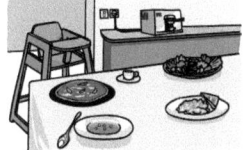

eetkamer
τραπεζαρία

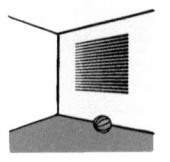

vloer

πάτωμα

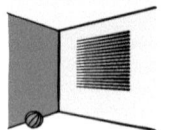

muur

τοίχος

plafond

οροφή

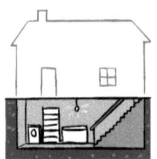

kelder

κελάρι

sauna

σάουνα

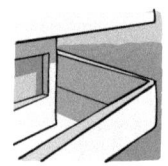

balkon

μπαλκόνι

terras

βεράντα

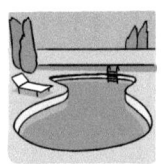

zwembad

πισίνα

grasmaaier

μηχανή του γκαζόν

dekbedovertrek

σεντόνι

dekbed

κάλυμμα κρεβατιού

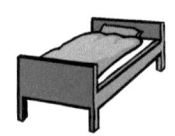

bed

κρεβάτι

bezem

σκούπα

emmer

κουβάς

schakelaar

διακόπτης

woonkamer
σαλόνι

behangpapier
ταπετσαρία
foto
φωτογραφία
lamp
λάμπα
schap
ράφι
kast
ντουλάπι
televisie
τηλεόραση
open haard
τζάκι
bloem
λουλούδι
kussen
μαξιλάρι
sofa
καναπές
vaas
βάζο
afstandsbediening
τηλεκοντρόλ

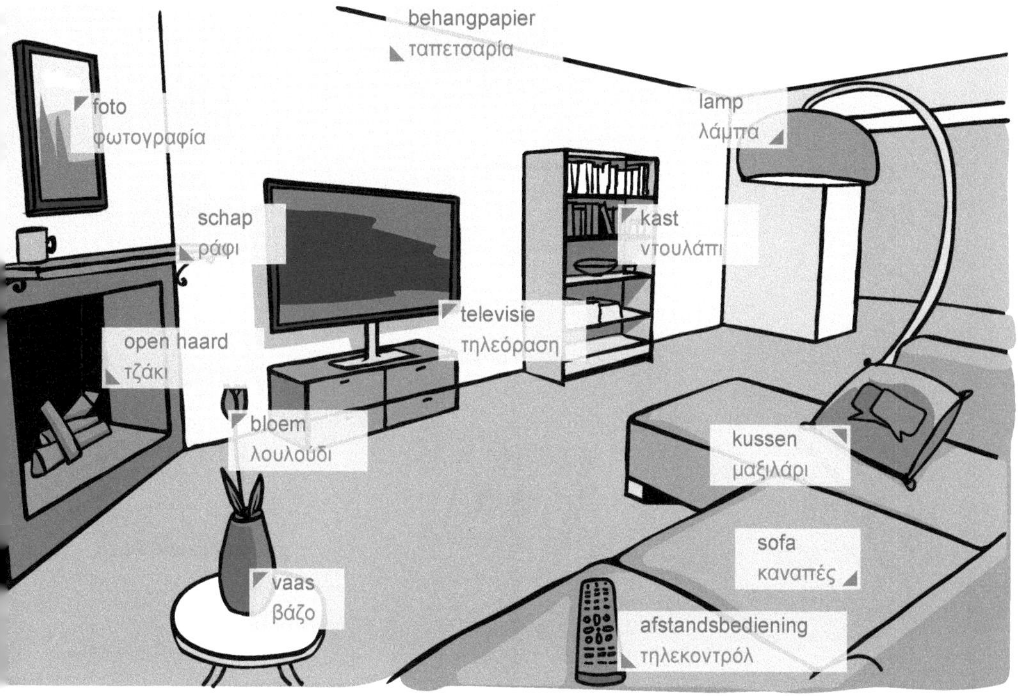

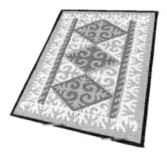

mat
χαλί

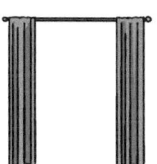

gordijn
κουρτίνα

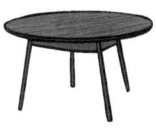

tafel
τραπέζι

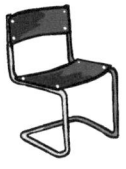

stoel
καρέκλα

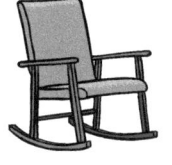

schommelstoel
κουνιστή πολυθρόνα

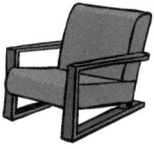

fauteuil
πολυθρόνα

boek
βιβλίο

deken
κουβέρτα

decoratie
διακόσμηση

brandhout
καυσόξυλα

film
ταινία

stereo-installatie
στερεοφωνικό σύστημα

sleutel
κλειδί

krant
εφημερίδα

schilderij
πίνακας ζωγραφικής

poster
αφίσα

radio
ραδιόφωνο

notitieboekje
σημειωματάριο

stofzuiger
ηλεκτρική σκούπα

cactus
κάκτος

kaars
κερί

keuken
κουζίνα

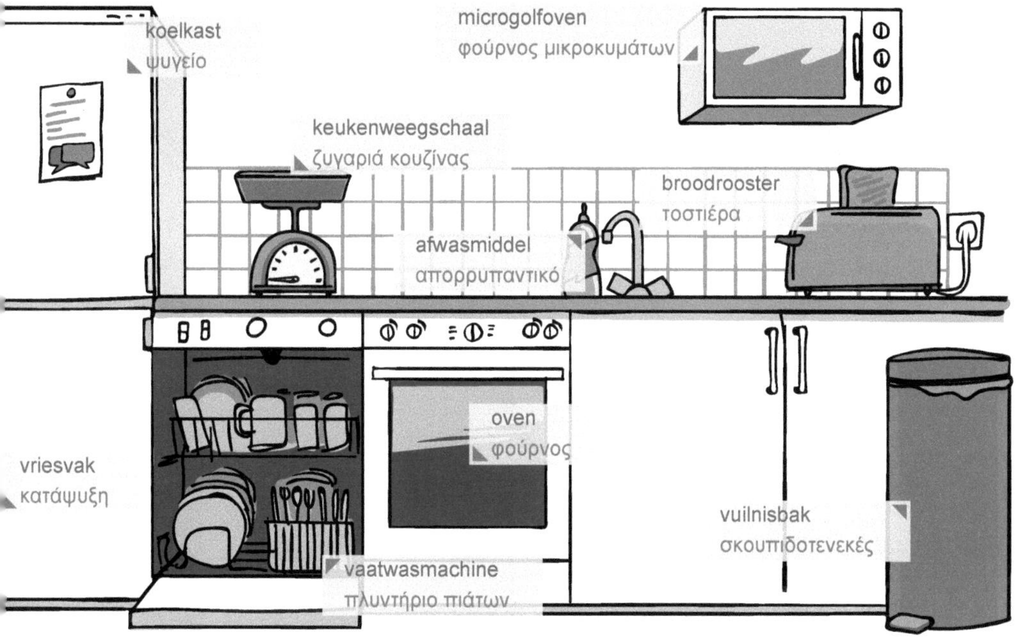
koelkast
ψυγείο
microgolfoven
φούρνος μικροκυμάτων
keukenweegschaal
ζυγαριά κουζίνας
broodrooster
τοστιέρα
afwasmiddel
απορρυπαντικό
oven
φούρνος
vriesvak
κατάψυξη
vuilnisbak
σκουπιδοτενεκές
vaatwasmachine
πλυντήριο πιάτων

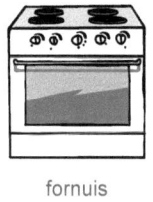

fornuis
κουζίνα

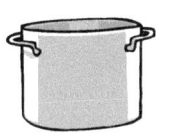

pot
κατσαρόλα

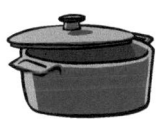

gietijzeren pot
μαντεμένια κατσαρόλα

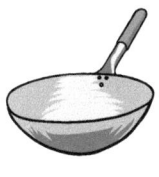

wok / kadai
γουόκ/καντάι

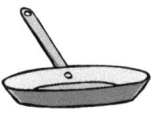

pan
τηγάνι

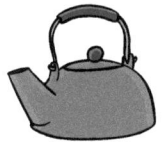

waterkoker
βραστήρας

stoomkoker

ατμομάγειρας

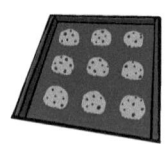

bakplaat

ταψί

servies

πιατικά

mok

κούπα

kom

μπολ

eetstokjes

ξυλάκια

pollepel

κουτάλα

spatel

σπάτουλα

garde

ανακατεύω

vergiet

σουρωτήρι

zeef

σουρωτηράκι

rasp

τρίφτης

mortier

γουδί

barbecue

ψησταριά

haardvuur

ανοιχτή φωτιά

snijplank
σανίδα κοπής

deegrol
πλάστης

kurkentrekker
ανοιχτήρι φελλών

blik
κονσέρβα

blikopener
ανοιχτήρι κονσέρβας

pannenlap
γάντι φούρνου

gootsteen
νεροχύτης

borstel
βούρτσα

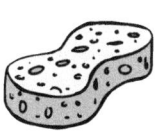

spons
σφουγγάρι

blender
μπλέντερ

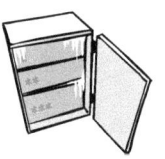

vriezer
καταψύκτης

papfles
μπιμπερό

kraan
βρύση

badkamer
μπάνιο

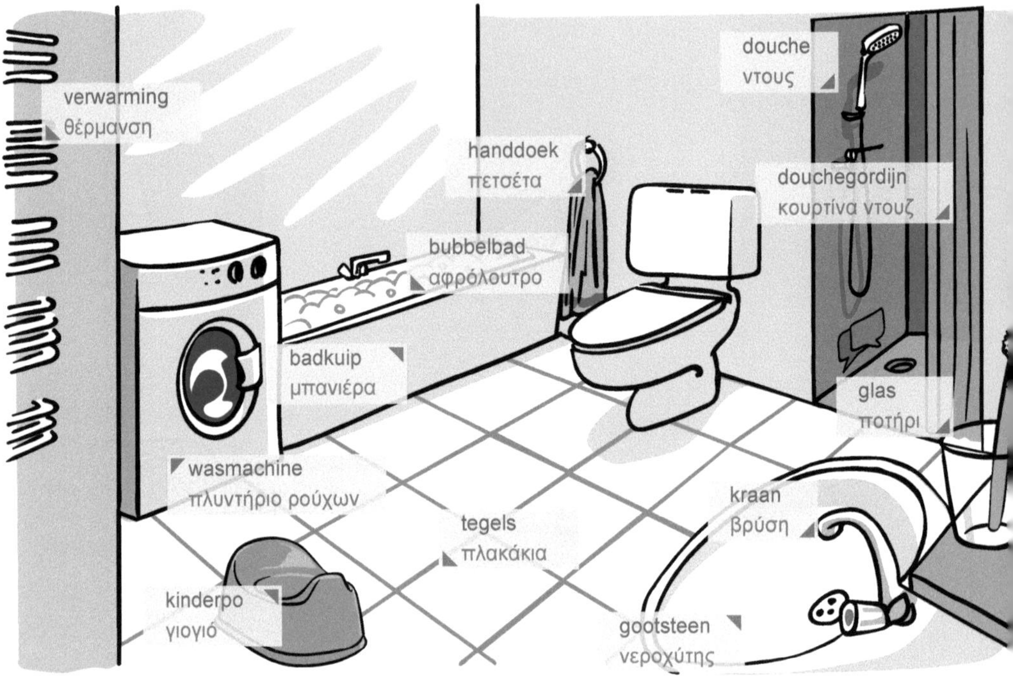

douche
ντους
verwarming
θέρμανση
handdoek
πετσέτα
douchegordijn
κουρτίνα ντουζ
bubbelbad
αφρόλουτρο
badkuip
μπανιέρα
glas
ποτήρι
wasmachine
πλυντήριο ρούχων
kraan
βρύση
tegels
πλακάκια
kinderpo
γιογιό
gootsteen
νεροχύτης

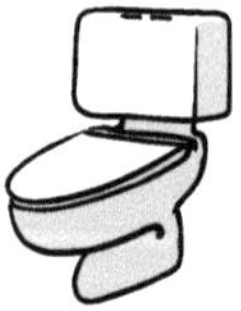
toilet
τουαλέτα

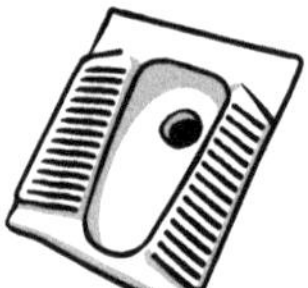
hurktoilet
τούρκικη τουαλέτα

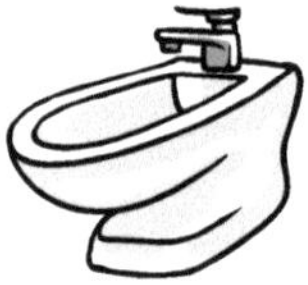
bidet
μπιντές

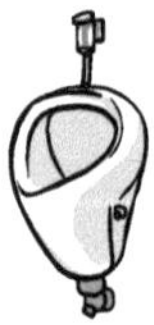
urinoir
ουρητήριο

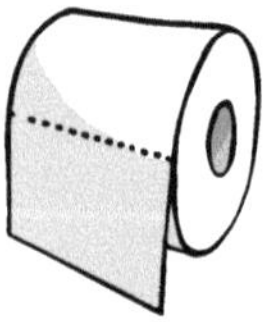
toiletpapier
χαρτί υγείας

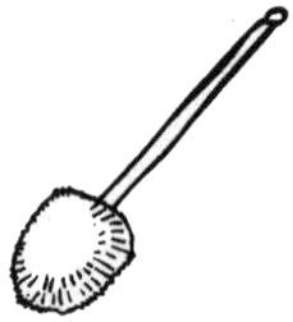
toiletborstel
πιγκάλ

tandenborstel

οδοντόβουρτσα

tandpasta

οδοντόκρεμα

flosdraad

οδοντικό νήμα

wassen

πλένω

handdouche

τηλέφωνο ντους

bidethanddouche

ντουσιέρα

waskom

λεκάνη

rugborstel

βούρτσα πλάτης

zeep

σαπούνι

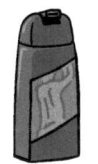

douchegel

αφρόλουτρο

shampoo

σαμπουάν

washandje

φανέλα

afvoer

σιφόνι

crème

κρέμα

deodorant

αποσμητικό

spiegel

καθρέφτης

handspiegel

καθρέφτης χειρός

scheermes

ξυραφάκι

scheerschuim

αφρός ξυρίσματος

aftershave

αφτερσέιβ

kam

χτένα

borstel

βούρτσα

haardroger

σεσουάρ

haarlak

λακ

make-up

μακιγιάζ

lippenstift

κραγιόν

nagellak

βερνίκι νυχιών

watten

βαμβάκι

nagelknipper

ψαλίδι νυχιών

parfum

άρωμα

badkamer - μπάνιο

toilettas

νεσεσέρ

kruk

σκαμπό

weegschaal

ζυγαριά

badjas

μπουρνούζι

latex handschoenen

ελαστικά γάντια

tampon

ταμπόν

maandverband

πετσέτα υγιεινής

chemisch toilet

χημική τουαλέτα

kinderkamer
παιδικό δωμάτιο

wekker
ξυπνητήρι
knuffel
λούτρινο ζωάκι
speelgoedauto
αυτοκινητάκι
rammelaar
κουδουνίστρα
poppenhuis
κουκλόσπιτο
geschenk
δώρο

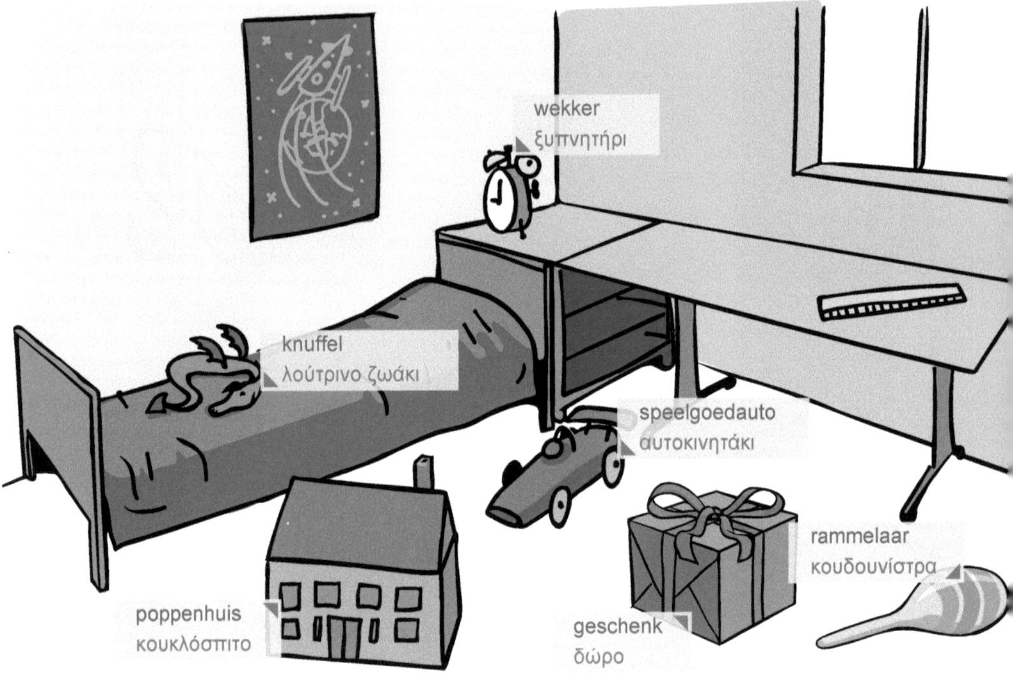

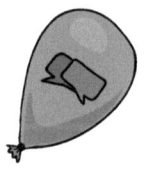

ballon

μπαλόνι

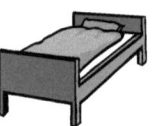

bed

κρεβάτι

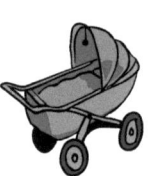

kinderwagen

καροτσάκι

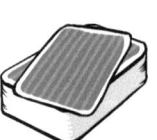

spel kaarten

τράπουλα

puzzel

παζλ

SUPER
MEGA

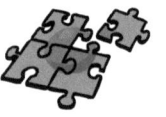

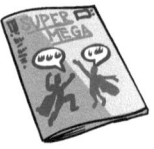

stripboek

κόμικς

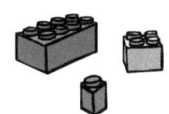

legoblokjes
τουβλάκια lego

blokken
τουβλάκια κατασκευών

actiefiguur
φιγούρα δράσης

kruippakje
βρεφικό φορμάκι

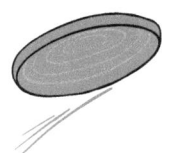

frisbee
φρίσμπι

mobiel
μόμπιλο

bordspel
επιτραπέζιο παιχνίδι

dobbelsteen
ζάρια

modelspoorweg
σετ τρενάκι

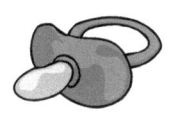

fopspeen
πιπίλα

feest
πάρτι

prentenboek
εικονογραφημένο βιβλίο

bal
μπάλα

pop
κούκλα

spelen
παίζω

zandbak

σκάμμα με άμμο

schommel

κούνια

speelgoed

παιχνίδια

spelconsole

κονσόλα βιντεοπαιχνιδιών

driewieler

τρίκυκλο

knuffelbeer

αρκουδάκι

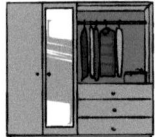

kleerkast

ντουλάπα

kleding

ρούχα

sokken

κάλτσες

kousen

καλτσοδέτες

maillot

καλσόν

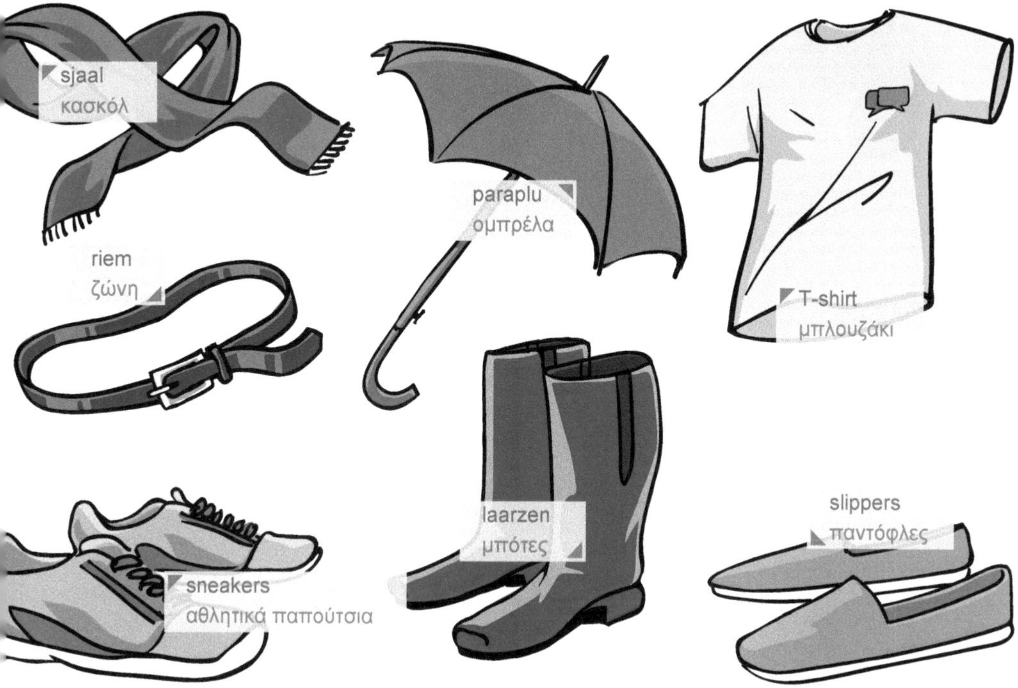

sjaal
κασκόλ

paraplu
ομπρέλα

T-shirt
μπλουζάκι

riem
ζώνη

laarzen
μπότες

slippers
παντόφλες

sneakers
αθλητικά παπούτσια

sandalen
σανδάλια

schoenen
παπούτσια

rubberlaarzen
γαλότσες

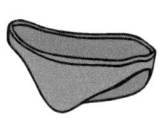

onderbroek
εσώρουχο

beha
σουτιέν

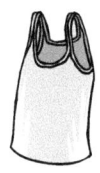

onderhemd
φανέλα

lichaam
σώμα

broek
παντελόνι

jeans
τζιν παντελόνι

rok
φούστα

blouse
μπλούζα

hemd
πουκάμισο

trui
πουλόβερ

capuchontrui
πουλόβερ

blazer
σακάκι

jas
μπουφάν

jas
παλτό

regenjas
αδιάβροχο πανωφόρι

kostuum
κοστούμι

jurk
φόρεμα

trouwjurk
νυφικό

pak
κοστούμι

nachthemd
νυχτικό

pyjama
πιτζάμες

sari
σάρι

hoofddoek
μαντήλι

tulband
τουρμπάνι

boerka
μπούρκα

kaftan
καφτάνι

abaya
μουσουλμανικό ένδυμα

badpak
ολόσωμο μαγιό

zwembroek
ανδρικό μαγιό

short
σορτς

trainingspak
αθλητική φόρμα

schort
ποδιά

handschoenen
γάντια

knoop

κουμπί

bril

γυαλιά

armband

βραχιόλι

ketting

περιδέραιο

ring

δαχτυλίδι

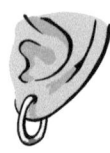

oorbel

σκουλαρίκι

pet

καπέλο

kapstok

κρεμάστρα

hoed

καπέλο

das

γραβάτα

rits

φερμουάρ

helm

κράνος

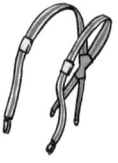

bretellen

τιράντες

schooluniform

μαθητική στολή

uniform

στολή

slabbetje

σαλιάρα

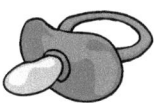

fopspeen

πιπίλα

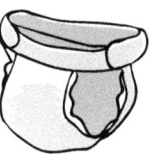

luier

πάνα

kantoor
γραφείο

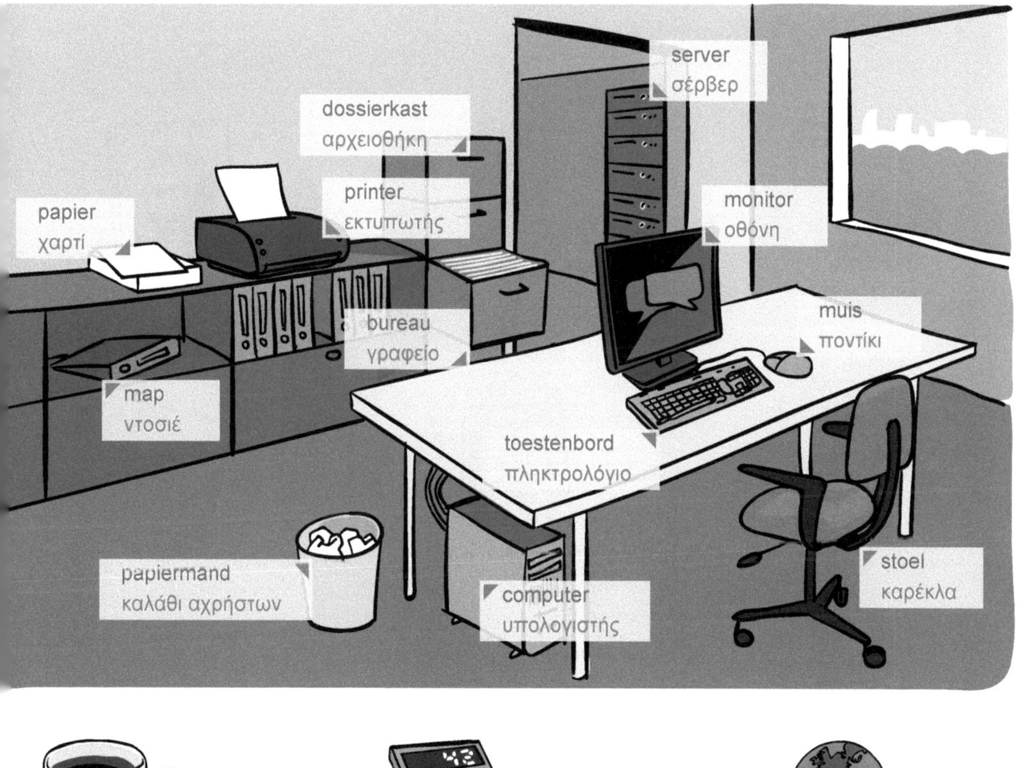

server
σέρβερ

dossierkast
αρχειοθήκη

printer
εκτυπωτής

monitor
οθόνη

papier
χαρτί

bureau
γραφείο

muis
ποντίκι

map
ντοσιέ

toestenbord
πληκτρολόγιο

papiermand
καλάθι αχρήστων

stoel
καρέκλα

computer
υπολογιστής

koffiemok

κούπα του καφέ

rekenmachine

κομπιουτεράκι

internet

ίντερνετ

laptop

λάπτοπ

brief

γράμμα

bericht

μήνυμα

gsm

κινητό

netwerk

δίκτυο

kopieerapparaat

φωτοτυπικό μηχάνημα

software

λογισμικό

telefoon

τηλέφωνο

stopcontact

πρίζα

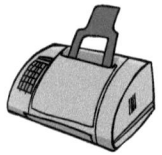

fax

συσκευή φαξ

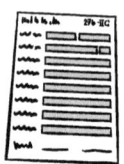

formulier

έντυπο

document

έγγραφο

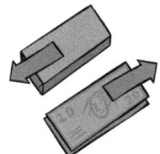

kopen

αγοράζω

betalen

πληρώνω

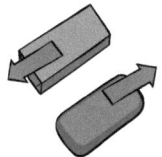

handelen

συναλλάσσομαι

geld

χρήματα

dollar

δολάριο

euro

ευρώ

yen

γιεν

roebel

ρούβλι

Zwitserse frank

ελβετικό φράγκο

Chinese renminbi

ρενμίνμπι γιουάν

roepie

ρουπία

geldautomaat

ATM (αυτόματη ταμειακή μηχανή)

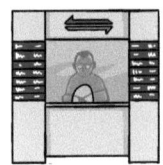

wisselkantoor

ανταλλακτήρια συναλλάγματος

goud

χρυσός

zilver

ασήμι

olie

πετρέλαιο

energie

ενέργεια

prijs

τιμή

contract

συμβόλαιο

belasting

φόρος

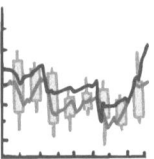

aandeel

μετοχή

werken

δουλεύω

werknemer

υπάλληλος

werkgever

εργοδότης

fabriek

εργοστάσιο

winkel

κατάστημα

beroepen
επαγγέλματα

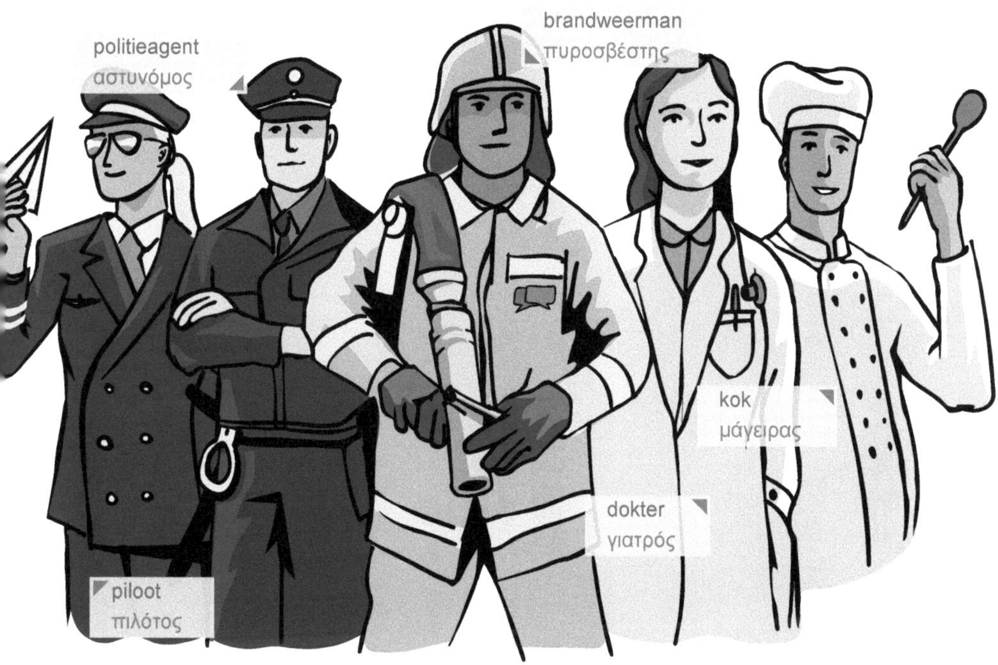

politieagent
αστυνόμος
brandweerman
πυροσβέστης
kok
μάγειρας
dokter
γιατρός
piloot
πιλότος

tuinman

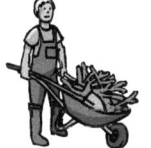

κηπουρός

timmerman

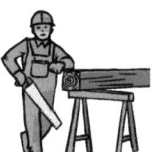

ξυλουργός

naaister

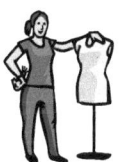

μοδίστρα

rechter

δικαστής

chemicus

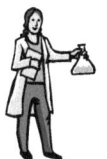

χημικός

acteur

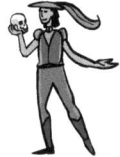

ηθοποιός

buschauffeur

οδηγός λεωφορείου

taxichauffeur

ταξιτζής

visser

ψαράς

schoonmaakster

καθαρίστρια

dakdekker

τεχνίτης στεγών

ober

σερβιτόρος

jager

κυνηγός

schilder

ζωγράφος

bakker

αρτοποιός

elektricien

ηλεκτρολόγος

bouwvakker

οικοδόμος

ingenieur

μηχανολόγος

slager

κρεοπώλης

loodgieter

υδραυλικός

postbode

ταχυδρόμος

soldaat

στρατιώτης

architect

αρχιτέκτονας

kassier

ταμίας

bloemist

ανθοπώλης

kapper

κομμωτής

conducteur

ελεγκτής εισιτηρίων

mecanicien

μηχανικός

kapitein

καπετάνιος

tandarts

οδοντίατρος

wetenschapper

επιστήμονας

rabbijn

ραβίνος

imam

ιμάμης

monnik

μοναχός

geestelijke

ιερέας

werktuigen
εργαλεία

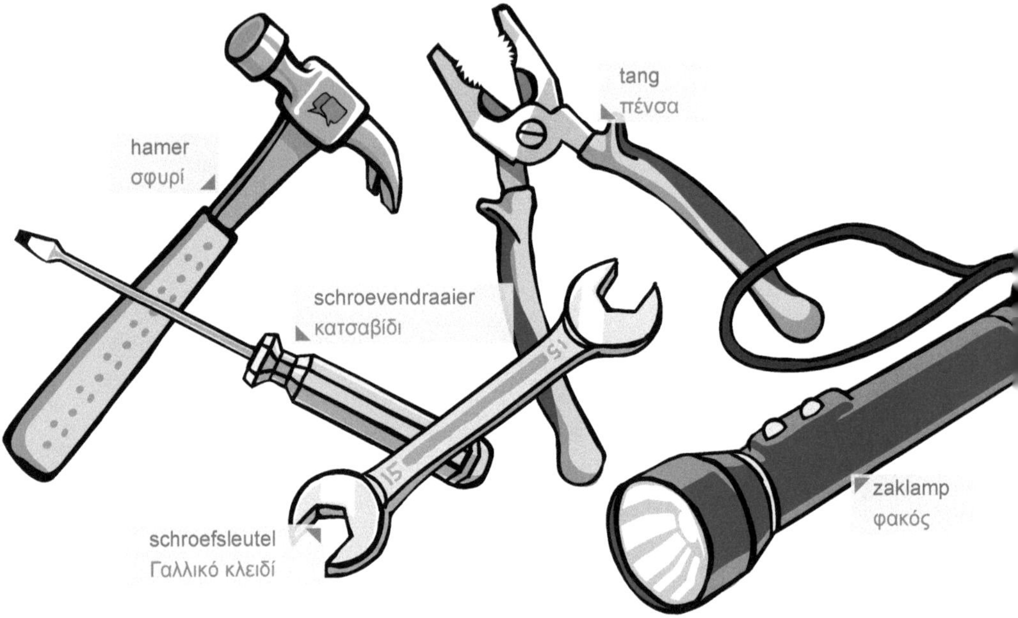
tang
πένσα
hamer
σφυρί
schroevendraaier
κατσαβίδι
zaklamp
φακός
schroefsleutel
Γαλλικό κλειδί

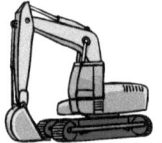

graafmachine
εκσκαφέας

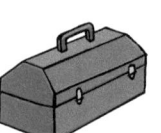

gereedschapskoffer
εργαλειοθήκη

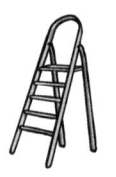

ladder
σκάλα

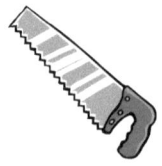

zaag
πριόνι

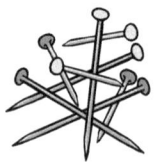

spijkers
καρφιά

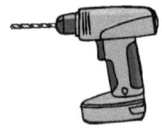

boormachine
τρυπάνι

repareren

επισκευάζω

schop

φτυάρι

Verdomme!

Να πάρει!

blik

φαράσι

verfpot

δοχείο χρωμάτων

schroeven

βίδες

muziekinstrumenten
μουσικά όργανα

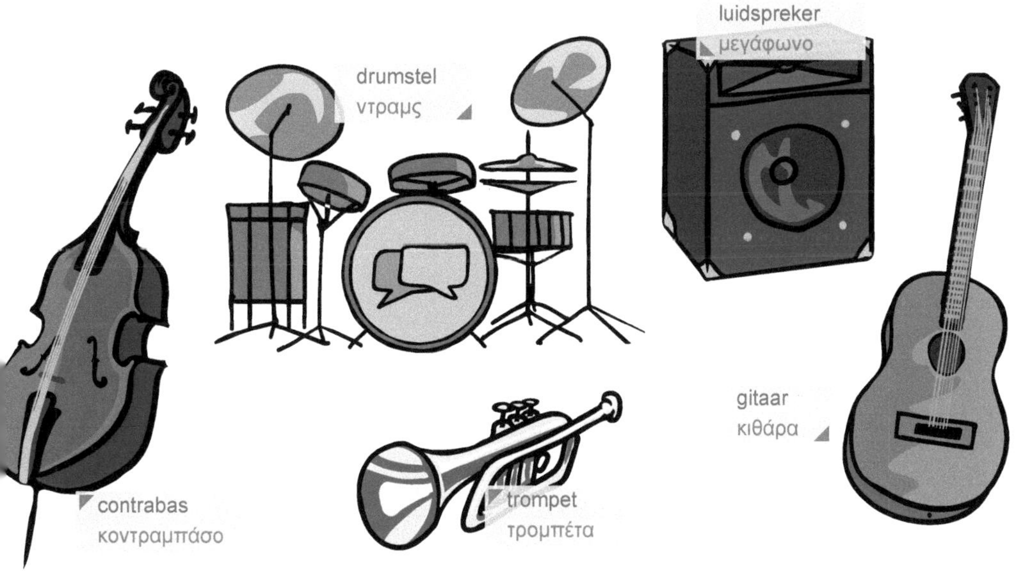

luidspreker
μεγάφωνο

drumstel
ντραμς

gitaar
κιθάρα

contrabas
κοντραμπάσο

trompet
τρομπέτα

piano
πιάνο

viool
βιολί

basgitaar
μπάσο

pauk
τύμπανα

trommels
τύμπανο

keyboard
πλήκτρα

saxofoon
σαξόφωνο

fluit
φλάουτο

microfoon
μικρόφωνο

ZOO
ζωολογικός κήπος

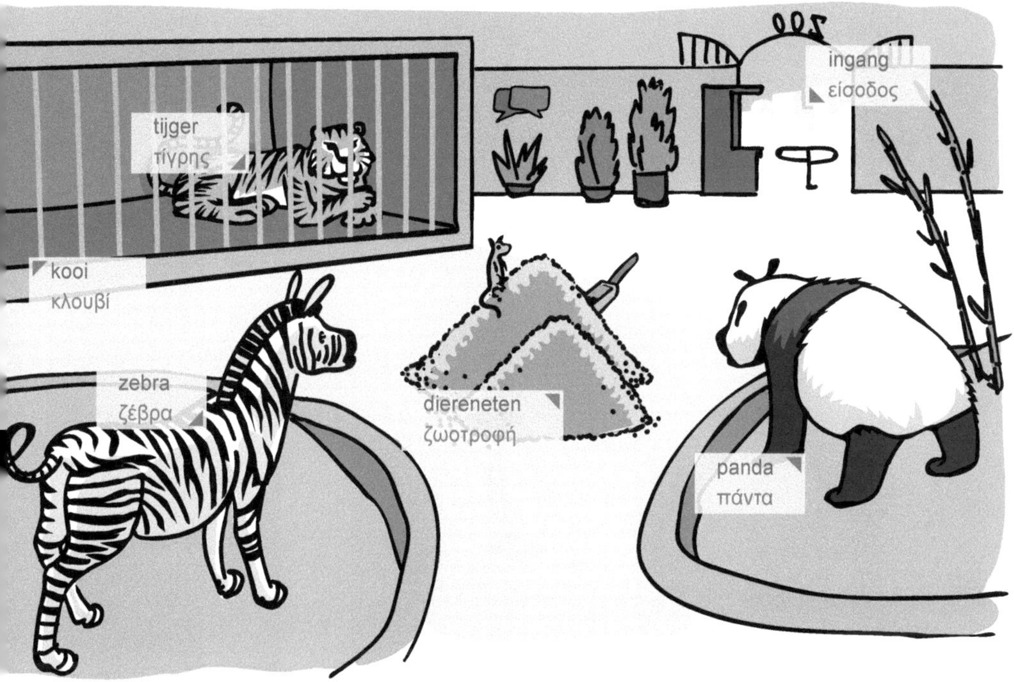

tijger
τίγρης
ingang
είσοδος
kooi
κλουβί
zebra
ζέβρα
diereneten
ζωοτροφή
panda
πάντα

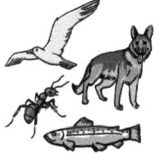

dieren

ζώα

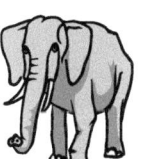

olifant

ελέφαντας

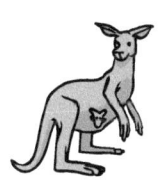

kangoeroe

καγκουρό

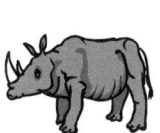

neushoorn

ρινόκερος

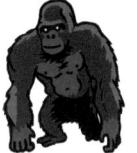

gorilla

γορίλας

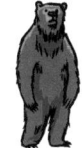

beer

αρκούδα

kameel

καμήλα

struisvogel

στρουθοκάμηλος

leeuw

λιοντάρι

aap

πίθηκος

flamingo

φλαμίνγκο

papegaai

παπαγάλος

ijsbeer

πολική αρκούδα

pinguïn

πιγκουίνος

haai

καρχαρίας

pauw

παγώνι

slang

φίδι

krokodil

κροκόδειλος

dierenverzorger

φύλακας ζωολογικού κήπου

zeehond

φώκια

jaguar

τζάγκουαρ

pony
πόνυ

luipaard
λεοπάρδαλη

nijlpaard
ιπποπόταμος

giraffe
καμηλοπάρδαλη

adelaar
αετός

wild zwijn
αγριογούρουνο

vis
ψάρι

zeeschildpad
χελώνα

walrus
θαλάσσιος ίππος

vos
αλεπού

gazelle
γαζέλα

zoo - ζωολογικός κήπος

rugby
Αμερικάνικο ποδόσφαιρο

wielrennen
ποδηλασία

tennis
αντισφαίριση

basketbal
μπάσκετ

zwemmen
κολύμβηση

boksen
πυγχαμία

ijshockey
χόκεϋ επί πάγου

voetbal

ποδόσφαιρο

badminton

μπάντμιντον

atletiek

στίβος

handbal

χάντμπολ

skiën

σκι

polo

πόλο

springen
πηδάω

knuffelen
αγκαλιάζω

lachen
γελάω

wandelen
περπατάω

zingen
τραγουδάω

dromen
ονειρεύομαι

bidden
προσεύχομαι

kussen
φιλάω

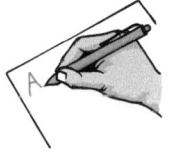

schrijven
γράφω

tekenen
σχεδιάζω

tonen
δείχνω

duwen
πιέζω

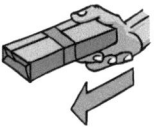

geven
δίνω

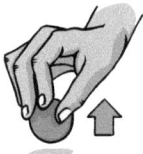

nemen
παίρνω

hebben
....
έχω

doen
....
κάνω

zijn
....
είμαι

staan
....
στέκομαι

lopen
....
τρέχω

trekken
....
τραβάω

gooien
....
ρίχνω

vallen
....
πέφτω

liggen
....
ξαπλώνω

wachten
....
περιμένω

dragen
....
κουβαλώ

zitten
....
κάθομαι

aankleden
....
φοράω

slapen
....
κοιμάμαι

ontwaken
....
ξυπνάω

kijken naar
κοιτάω

wenen
κλαίω

aaien
χαϊδεύω

kammen
χτενίζω

praten
μιλάω

begrijpen
καταλαβαίνω

vragen
ρωτάω

luisteren
ακούω

drinken
πίνω

eten
τρώω

opruimen
συγυρίζω

houden van
αγαπάω

koken
μαγειρεύω

rijden
οδηγώ

vliegen
πετάω

zeilen

κάνω ιστιοπλοΐα

rekenen

υπολογίζω

Lezen

διαβάζω

leren

μαθαίνω

werken

δουλεύω

trouwen

παντρεύομαι

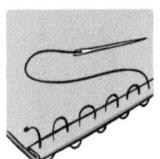

naaien

ράβω

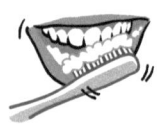

tandenpoetsen

βουρτσίζω τα δόντια

doden

σκοτώνω

roken

καπνίζω

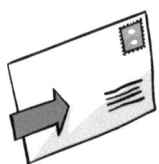

sturen

στέλνω

grootmoeder
γιαγιά

grootvader
παππούς

vader
πατέρας

moeder
μητέρα

baby
μωρό

dochter
κόρη

zoon
γιος

gast

καλεσμένος

tante

θεία

oom

θείος

broer

αδελφός

zus

αδελφή

lichaam

σώμα

voorhoofd
μέτωπο
oog
μάτι
schouder
ώμος
vinger
δάχτυλο
gezicht
πρόσωπο
kin
πιγούνι
hand
χέρι
been
πόδι
borst
στήθος
arm
βραχίονας

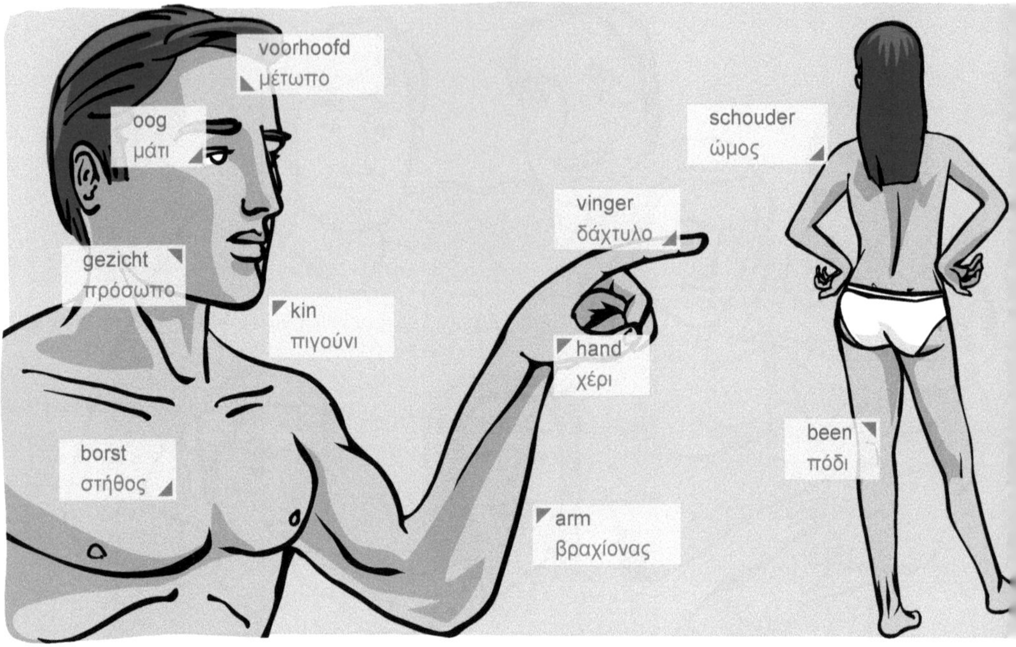

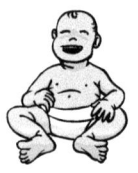

baby

μωρό

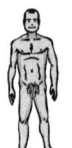

man

άνδρας

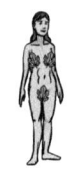

vrouw

γυναίκα

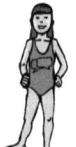

meisje

κορίτσι

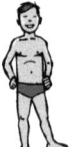

jongen

αγόρι

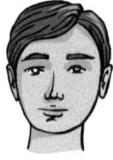

hoofd

κεφάλι

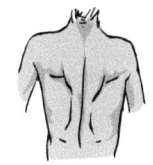

rug
πλάτη

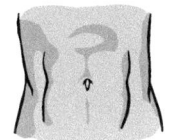

buik
κοιλιά

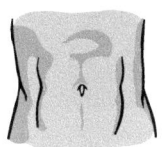

navel
αφαλός

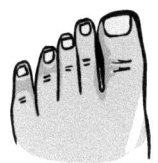

teen
δάχτυλο ποδιού

hiel
φτέρνα

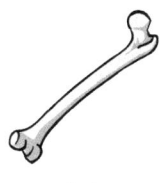

bot
κόκκαλο

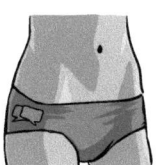

heup
γοφός

knie
γόνατο

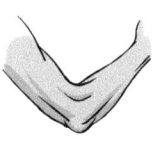

elleboog
αγκώνας

neus
μύτη

zitvlak
γλουτός

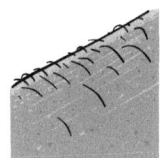

huid
δέρμα

wang
μάγουλο

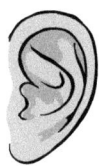

oor
αυτί

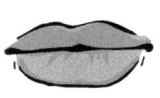

lip
χείλος

mond
στόμα

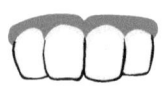

tand
δόντι

tong
γλώσσα

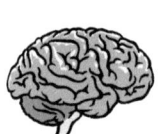

hersenen
εγκέφαλος

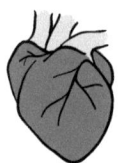

hart
καρδιά

spier
μυς

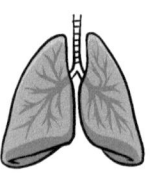

long
πνεύμονας

lever
συκώτι

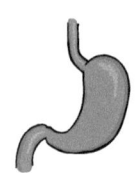

maag
στομάχι

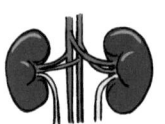

nieren
νεφρά

seks
σεξουαλική επαφή

condoom
προφυλακτικό

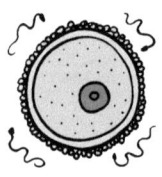

eicel
ωάριο

sperma
σπέρμα

zwangerschap
εγκυμοσύνη

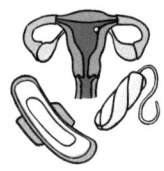

menstruatie
περίοδος

vagina
γυναικείος κόλπος

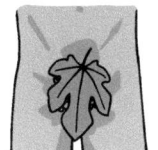

penis
πέος

wenkbrauw
φρύδι

haar
μαλλιά

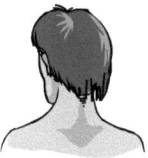

nek
λαιμός

ziekenhuis
νοσοκομείο

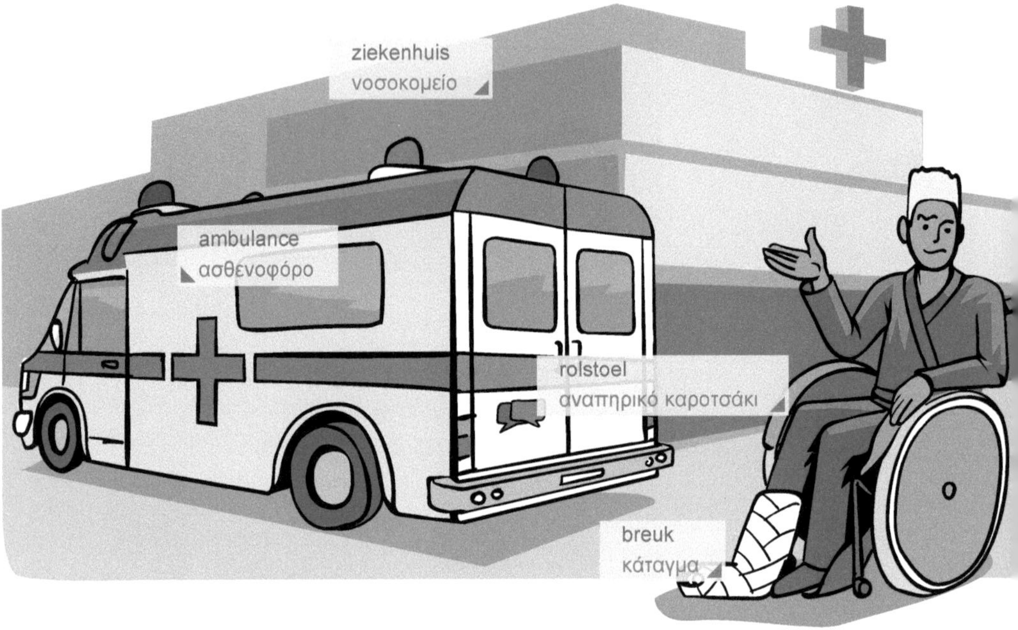

ziekenhuis
νοσοκομείο
ambulance
ασθενοφόρο
rolstoel
αναπηρικό καροτσάκι
breuk
κάταγμα

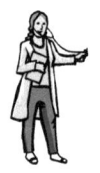

dokter

γιατρός

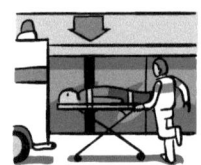

spoed

μονάδα εντατικής θεραπείας

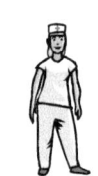

verpleegkundige

νοσοκόμα

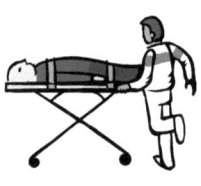

noodgeval

έκτακτη ανάγκη

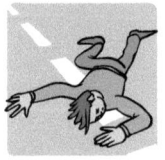

bewusteloos

λιπόθυμος

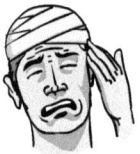

pijn

πόνος

verwonding
τραύμα

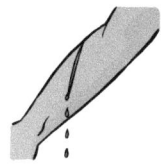

bloeding
αιμορραγία

hartaanval
έμφραγμα

beroerte
εγκεφαλικό

allergie
αλλεργία

hoest
βήχας

koorts
πυρετός

griep
γρίπη

diarree
διάρροια

hoofdpijn
πονοκέφαλος

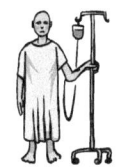

kanker
καρκίνος

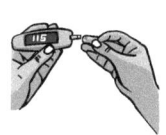

diabetes
διαβήτης

chirurg
χειρουργός

scalpel
νυστέρι

operatie
εγχείρηση

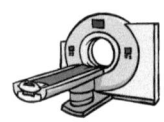

CT
αξονική τομογραφία

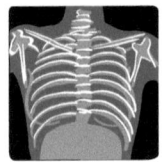

röntgenstraal
ακτινογραφία

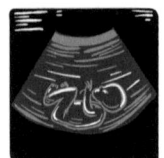

ultrageluid
υπέρηχος

gezichtsmasker
μάσκα

ziekte
ασθένεια

wachtkamer
αίθουσα αναμονής

kruk
πατερίτσα

pleister
χάνσαπλαστ

verband
επίδεσμος

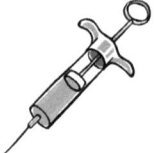

injectie
ένεση

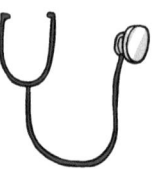

stethoscoop
στηθοσκόπιο

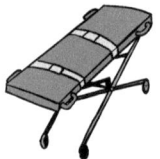

brancard
φορείο

thermometer
θερμόμετρο

geboorte
γέννηση

overgewicht
υπέρβαρο

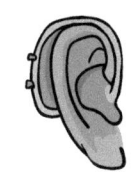

hoorapparaat
ακουστικό βαρηκοΐας

ontsmettingsmiddel
αντισηπτικό

infectie
λοίμωξη

virus
ιός

HIV / AIDS
HIV/AIDS

medicijn
φάρμακο

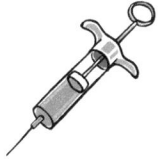

vaccinatie
εμβολιασμός

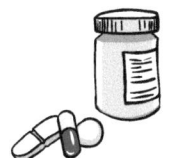

tabletten
δισκία

pil
χάπι

noodoproep
κλήση έκτακτης ανάγκης

bloeddrukmeter
πιεσόμετρο αίματος

ziek / gezond
άρρωστος / υγιής

ziekenhuis - νοσοκομείο

Help!

Βοήθεια!

alarm

συναγερμός

overval

βιαιοπραγία

aanval

επίθεση

gevaar

κίνδυνος

nooduitgang

έξοδος κινδύνου

Brand!

Φωτιά!

brandblusser

πυροσβεστήρας

ongeval

ατύχημα

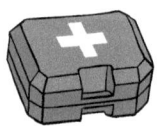

EHBO-kit

κουτί πρώτων βοηθειών

SOS

SOS

politie

αστυνομία

Europa

Ευρώπη

Noord-Amerika

Βόρεια Αμερική

Zuid-Amerika

Νότια Αμερική

Afrika

Αφρική

Azië

Ασία

Australië

Αυστραλία

Atlantische Oceaan

Ατλαντικός Ωκεανός

Stille Oceaan

Ειρηνικός Ωκεανός

Indische Oceaan

Ινδικός Ωκεανός

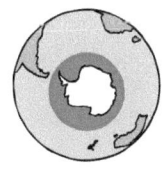

Antarctische Oceaan

Ανταρκτικός Ωκεανός

Arctische Oceaan

Αρκτικός Ωκεανός

Noordpool

Βόρειος Πόλος

Zuidpool

Νότιος Πόλος

Antarctica

Ανταρκτική

aarde

Γη

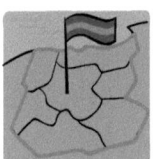

land

γη

zee

θάλασσα

eiland

νησί

natie

έθνος

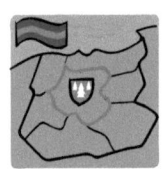

staat

πολιτεία

wijzerplaat

καντράν ρολογιού

uurwijzer

ωροδείκτης

minuutwijzer

λεπτοδείκτης

secondewijzer

δείκτης δευτερολέπτων

Hoe laat is het?

Τι ώρα είναι;

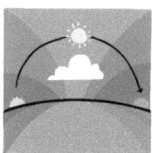

dag

ημέρα

tijd

χρόνος

nu

τώρα

digitale horloge

ψηφιακό ρολόι

minuut

λεπτό

uur

ώρα

week

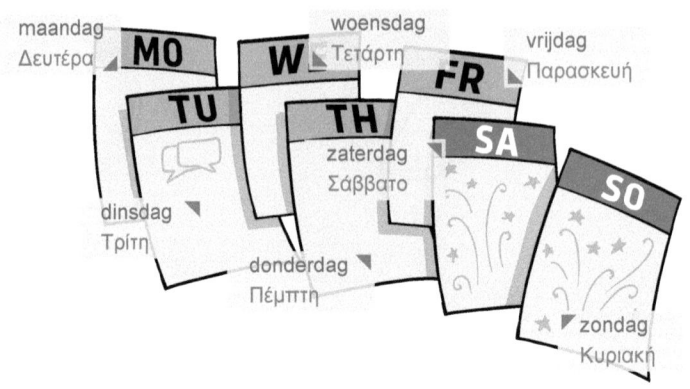

maandag Δευτέρα
woensdag Τετάρτη
vrijdag Παρασκευή
dinsdag Τρίτη
zaterdag Σάββατο
donderdag Πέμπτη
zondag Κυριακή

gisteren
χθες

vandaag
σήμερα

morgen
αύριο

ochtend
πρωί

middag
μεσημέρι

avond
βράδυ

werkdagen
εργάσιμες ημέρες

weekend
Σαββατοκύριακο

jaar
έτος

regenboog
ουράνιο τόξο
regen
βροχή
sneeuw
χιόνι
wind
άνεμος
lente
άνοιξη
herfst
φθινόπωρο
zomer
καλοκαίρι
winter
χειμώνας

4.APRIL 11°
5.APRIL 4°
6.APRIL 13°
7.APRIL 8°
8.APRIL 10°

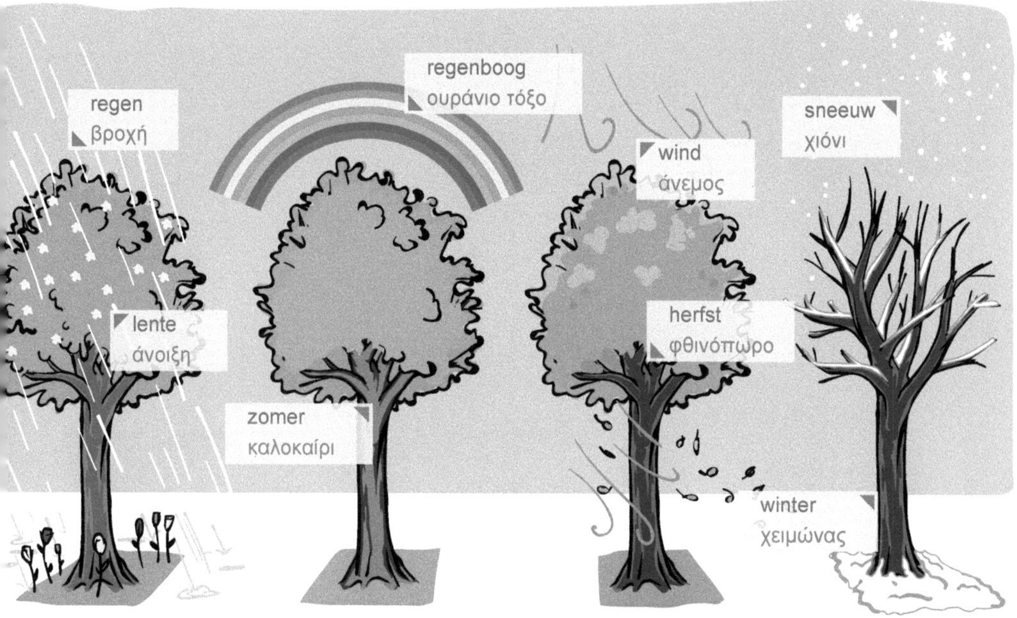

weervoorspelling

πρόγνωση καιρού

F C
120 40
90 30
60 20
30 10
0 0
-30 -10
-20

thermometer

θερμόμετρο

zonneschijn

λιακάδα

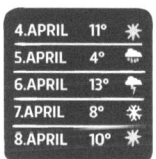

wolk

σύννεφο

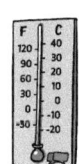

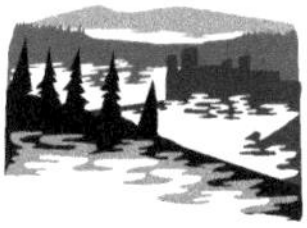

mist

ομίχλη

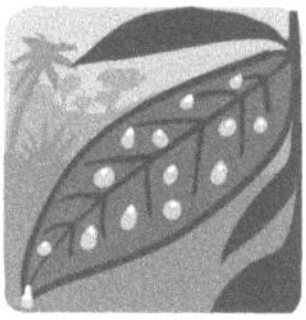

vochtigheid

υγρασία

bliksem

αστραπή

donder

κεραυνός

storm

καταιγίδα

hagel

χαλάζι

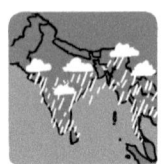

moesson

μουσώνας

overstroming

πλημμύρα

ijs

πάγος

januari

Ιανουάριος

februari

Φεβρουάριος

maart

Μάρτιος

april

Απρίλιος

mei

Μάιος

juni

Ιούνιος

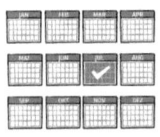

juli

Ιούλιος

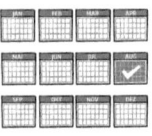

augustus

Αύγουστος

jaar - έτος

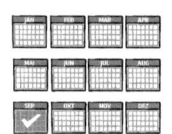

september
....
Σεπτέμβριος

oktober
....
Οκτώβριος

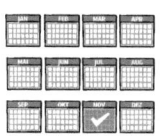

november
....
Νοέμβριος

december
....
Δεκέμβριος

cirkel
....
κύκλος

kwadraat
....
τετράγωνο

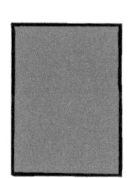

rechthoek
....
ορθογώνιο
παραλληλόγραμμο

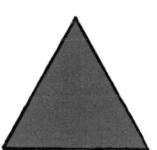

driehoek
....
τρίγωνο

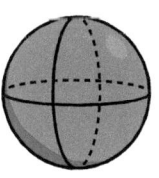

bol
....
σφαίρα

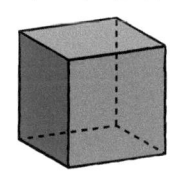

kubus
....
κύβος

wit

άσπρο

geel

κίτρινο

oranje

πορτοκαλί

roze

ροζ

rood

κόκκινο

paars

μωβ

blauw

μπλε

groen

πράσινο

bruin

καφέ

grijs

γκρι

zwart

μαύρο

veel / weinig

πολύ / λίγο

boos / kalm

θυμωμένος / ήρεμος

mooi / lelijk

όμορφος / άσχημος

begin / einde

αρχή / τέλος

groot / klein

μεγάλος / μικρός

licht / donker

φωτεινός / σκοτεινός

broer / zus

αδελφός / αδελφή

proper / vuil

καθαρός / λερωμένος

volledig / onvolledig

πλήρης / ατελής

dag / nacht

ημέρα / νύχτα

dood / levend

νεκρός / ζωντανός

breed / smal

φαρδύς / στενός

eetbaar / oneetbaar

βρώσιμος / μη βρώσιμος

kwaadaardig / vriendelijk

κακός / ευγενικός

opgewonden / verveeld

ενθουσιασμένος /
βαριεστημένος

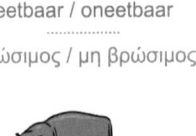

dik / dun

παχύς / λεπτός

eerst / laatst

πρώτος / τελευταίος

vriend / vijand

φίλος / εχθρός

vol / leeg

γεμάτος / άδειος

hard / zacht

σκληρός / μαλακός

zwaar / licht

βαρύς / ελαφρύς

honger / dorst

πείνα / δίψα

ziek / gezond

άρρωστος / υγιής

illegaal / legaal

παράνομος / νόμιμος

intelligent / dom

έξυπνος / χαζός

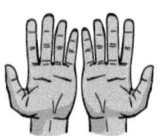

links / rechts

αριστερός / δεξιός

dichtbij / veraf

κοντινός / μακρινός

nieuw / gebruikt

καινούριος /
μεταχειρισμένος

niets / iets

τίποτα / κάτι

oud / jong

γέρος | νέος

aan / uit

αναμμένος / σβηστός

open / dicht

ανοιχτός / κλειστός

stil / luid

χαμηλόφωνος /
μεγαλόφωνος

rijk / arm

πλούσιος / φτωχός

juist / fout

σωστός / λανθασμένος

ruw / glad

τραχύς / λείος

droevig / blij

υπημένος / χαρούμενος

kort / lang

κοντός / μακρύς

traag / snel

αργός / γρήγορος

nat / droog

υγρός / στεγνός

warm / koud

ζεστός / δροσερός

oorlog / vrede

πόλεμος / ειρήνη

0	1	2
nul	één	twee
μηδέν	ένα	δύο

3	4	5
drie	vier	vijf
τρία	τέσσερα	πέντε

6	7	8
zes	zeven	acht
έξι	εφτά	οκτώ

9	10	11
negen	tien	elf
εννιά	δέκα	έντεκα

12	13	14
twaalf	dertien	veertien
δώδεκα	δεκατρία	δεκατέσσερα

15	16	17
vijftien	zestien	zeventien
δεκαπέντε	δεκαέξι	δεκαεφτά

18	19	20
achtien	negentien	twintig
δεκαοκτώ	δεκαεννέα	είκοσι

100	1.000	1.000.000
honderd	duizend	miljoen
εκατό	χίλια	εκατομμύριο

Talen
γλώσσες

Engels

Αγγλικά

Amerikaans Engels

Αμερικάνικα Αγγλικά

Chinees (Mandarijn)

Μανδαρίνικα Κινέζικα

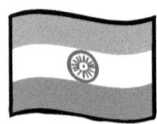

Hindi

Χίντι

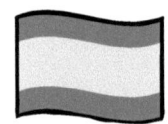

Spaans

Ισπανικά

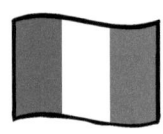

Frans

Γαλλικά

Arabisch

Αραβικά

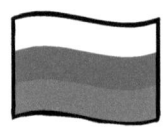

Russisch

Ρώσικα

Portugees

Πορτογαλικά

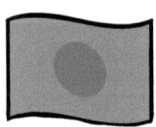

Bengali

Μπενγκάλι

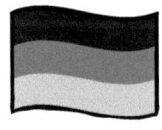

Duits

Γερμανικά

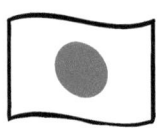

Japans

Ιαπωνικά

ik

εγώ

u

εσύ

hij / zij / het

αυτός / αυτή / αυτό

wij

εμείς

u

εσείς

ze

αυτοί / αυτές / αυτά

wie?

ποιος / ποια / ποιο;

wat?

τι;

hoe?

πώς;

waar?

πού;

wanneer?

πότε;

naam

όνομα

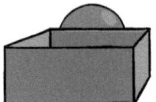

achter

πίσω

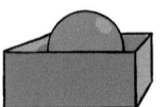

in

μέσα

voor

μπροστά

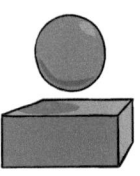

boven

πάνω από

op

πάνω

onder

κάτω

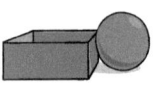

naast

δίπλα

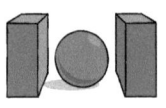

tussen

ανάμεσα

plaats

μέρος